내 안의 영재 깨우기 ⑧

브레인 알파 **암호 퍼즐**

이젠교육
EZEN EDUCATION

# 창의력 두뇌 개발!
## 왜 중요할까요?

**① 유아기 때 창의력 발달이 왜 중요한가요?**

지식보다 상상력이 더 중요한 시대에 살고 있는 우리 아이들!
어떻게 하면 창의력 있는 아이로 키울 수 있을지
한번쯤 고민해 보셨을 거예요.
아이들은 태어나면서부터 초등학교 입학 전까지
신체적·인지적·사회적·감정적인 발달이 빠르게 일어나므로
창의력 발달에 중요한 시기이기 때문이에요.

**② 창의력은 뇌와 어떤 관계가 있나요?**

뇌도 몸의 근육처럼 쓰면 쓸수록 튼튼해진다고 해요.
창의력을 높이는 전두엽을 활성화시키려면 풀리지 않는
어려운 문제에 도전해 보는 것이 좋아요.
문제가 알쏭달쏭하고 풀 과정을 잘 모르더라도 자신이 아는
지식과 상상력을 모두 동원하여 도전해 보세요.
그런 도전이 지속적으로 반복될 때, 비로소 전두엽이 강화돼요.

**③ 뇌를 어떻게 활용할까요?**

아직도 좌뇌는 학습적, 우뇌는 창의적이라고만 알고 있는 건 아닌가요?
이 말은 일부 맞지만 완전히 그렇다고도 할 수 없어요.
좌뇌와 우뇌의 활동 범위가 선을 긋듯 분명하게 나뉘지 않기 때문이지요.
가장 효과적인 공부는 이 두 가지 사고 유형을 결합시킬 때만
가능하다는 것이에요.

**좌뇌 / 우뇌**

| 좌뇌 | | 우뇌 | |
|---|---|---|---|
| 단어 표현과 문장 구성 | **언어** | **공간** | 공간감각에 따른 형태의 변화 이해 |
| 수와 양에 대한 수학적 사고 | **수리** | **변별** | 부분과 전체, 색깔과 크기 관찰 |
| 생활 지식, 자연의 원리 이해 | **상식** | **기억** | 사물의 특징적인 부분 기억 |
| 길이, 높이, 크기, 양, 순서 등의 비교 | **비교** | **도형** | 모양의 특징, 넓이, 대칭 이해 |
| 원인과 결과를 예측하는 통합적 사고 | **논리** | **규칙** | 규칙 파악을 통한 통합적 예측 |

# 환상의 세계로 여러분을 초대해요!

서로 다른 점을 찾거나
나머지와 다른 하나를 찾아내는 게임부터
실타래처럼 얽혀 있는 여러 갈래의 선들을
가려내는 게임이나
수학 퍼즐, 스도쿠, 암호 풀이 게임까지
놀라운 퍼즐 게임들이 페이지마다 꽉 차 있어요.

퍼즐 놀이를 시작하기 전에 지시문을 꼼꼼히 읽고
어떤 게임인지 잘 이해하세요.
이제 펜이나 연필을 손에 쥐고 퍼즐을 풀어보세요!

해답은 92쪽부터 있어요.
해답을 미리 보지 말고 꼭 스스로 풀어본 후에 확인하세요.

## 셋, 둘, 하나 ... 출발!

# 이 책의 구성 소개

① 선진국 최고의 영재 전문가가 개발한 영국 창의성 교육 프로그램
영국의 창의성 두뇌 개발 프로그램을 통해 전문가가 개발한 교재를
우리나라에 맞게 구성하였습니다.

② 스스로 생각하는 통합적 두뇌 개발을 위한 주제별 활동형 콘텐츠
좌뇌와 우뇌의 조화로운 통합적 발달을 위해 서로 상호 작용을 할 수
있도록 주제를 구성하였습니다.

③ **미래형 홈스쿨링 퍼즐식 학습을 통한 창의적 사고 능력 개발**
아이의 창의적 사고 능력 개발과 집중력을 키워 주는 공부 습관을
기를 수 있도록 구성하였습니다.

### 1 통합적 두뇌 개발

좌뇌와 우뇌의 사고 유형을 표시하였어요.
**좌뇌** 언어 / 수리 / 상식 / 비교 / 논리
**우뇌** 공간 / 변별 / 기억 / 도형 / 규칙

### 2 통합적 창의 주제

아이들의 좌뇌와 우뇌의 사고 유형을 결합시킨
주제를 선정하였어요.

### 3 난이도

아이들의 성취 수준을 고려하여 난이도를
표시하였어요.
 할만해요   어려워요   아주 어려워요

### 4 창의성 발문

주제를 그림과 연결하여 좌뇌와 우뇌를 동시에
개발할 수 있는 사고 유형의 문제를 제시하여
사고 능력을 높이도록 하였어요.

### 5 창의성 활동

좌뇌와 우뇌의 조화로운 통합적 발달을 위해 창의적인
활동을 제공함으로써 아이들의 새로운 생각을 끌어낼
수 있는 활동에 집중하였어요.

# 차례

| | | |
|---|---|---|
| 논리 규칙 | 알파벳으로 나타낸 음식 | 8 |
| 비교 변별 | 물고기들의 짝짓기 | 9 |
| 수리 규칙 | 가족들의 만찬 | 10 |
| 상식 공간 | 꼬불꼬불한 피라미드 | 11 |
| 언어 변별 | 창은 어디에? | 12 |
| 수리 공간 | 진짜 보물 지도 | 13 |
| 비교 변별 | 깨진 유리창 | 14 |
| 상식 공간 | 좌회전 금지 | 15 |
| 비교 규칙 | 도넛 장식하기 | 16 |
| 수리 변별 | 꼬꼬댁 가족의 하루 | 16 |
| 수리 변별 | 경비견들의 발자국 | 17 |
| 언어 기억 | 사파리 공원 | 18 |
| 수리 공간 | 출발점은 어디? | 19 |
| 비교 규칙 | 우주의 돌 | 20 |
| 비교 규칙 | 우주 조사원 | 21 |
| 논리 기억 | 강아지 주인 찾기 | 22 |
| 수리 규칙 | 벽 쌓기 스도쿠 | 23 |
| 상식 공간 | 보물찾기 미션 완료 | 24 |
| 수리 도형 | 북채로 만든 도형 | 25 |
| 언어 변별 | 가장 좋아하는 동물은? | 25 |
| 논리 규칙 | 변하는 모양 | 26 |
| 수리 규칙 | 고장 난 로봇 | 26 |
| 수리 규칙 | 왕국을 지키는 갑옷 | 27 |
| 수리 규칙 | 마술사의 카드 | 28 |
| 논리 공간 | 숨어 있는 우주선 | 28 |
| 논리 기억 | 유니콘들의 경주 | 29 |
| 상식 변별 | 밤하늘에 빛나는 별들 | 30 |
| 수리 도형 | 도형들의 색깔과 모양 | 31 |
| 수리 규칙 | 무시무시한 보물 창고 | 32 |
| 비교 변별 | 막상막하 테니스 경기 | 33 |
| 수리 규칙 | 컵케이크의 무게 | 34 |
| 수리 규칙 | 꽃밭의 행복한 오후 | 35 |
| 상식 규칙 | 동전 정리하기 | 36 |
| 상식 변별 | 피라미드의 딱정벌레 | 37 |
| 언어 기억 | 숨은 단어 찾기 | 38 |
| 수리 기억 | 선수가 받은 상 | 39 |
| 상식 변별 | 몬스터 댄스파티 | 40 |
| 논리 기억 | 우주 탐사대 | 41 |
| 비교 변별 | 마녀의 열쇠 | 41 |
| 비교 변별 | 장난꾸러기 판다들 | 42 |
| 수리 규칙 | 용 스도쿠 | 43 |
| 상식 변별 | 우주인을 구하자! | 44 |
| 비교 변별 | 강아지 키 재기 | 45 |
| 수리 규칙 | 카드 패 나누기 | 46 |
| 수리 기억 | 신들의 계산 | 47 |
| 상식 공간 | 달팽이들의 식사 | 48 |

| 비교 변별 | 나비들의 날갯짓 | 49 |
| 수리 도형 | 거꾸로 뒤집힌 피라미드 | 50 |
| 수리 기억 | 과녁에 명중! | 51 |
| 상식 변별 | 바닷속에 누가 살까? | 52 |
| 비교 변별 | 원숭이 퍼즐 | 53 |
| 수리 규칙 | 계산하는 로봇 | 54 |
| 수리 규칙 | 암호가 뭐지? | 55 |
| 수리 규칙 | 동물들에게 먹이 주기 | 56 |
| 비교 변별 | 변장한 비밀 요원들 | 57 |
| 비교 변별 | 산산조각이 난 컵 | 57 |
| 언어 기억 | 핼러윈 단어 사냥 | 58 |
| 수리 규칙 | 65 만들기 | 59 |
| 논리 기억 | 몬스터의 두뇌 게임 | 60 |
| 수리 규칙 | 비버의 댐 짓기 | 60 |
| 수리 기억 | 짐 찾기 | 61 |
| 상식 도형 | 코끼리 코는 T 모양 | 62 |
| 수리 규칙 | 마법의 스도쿠 | 63 |
| 논리 공간 | 요정들이 사는 세상 | 64 |
| 수리 변별 | 사라진 아기 공룡들 | 65 |
| 비교 변별 | 두꺼비들의 합창 | 66 |
| 수리 규칙 | 숲속의 구구단 | 67 |
| 비교 변별 | 인어들의 보물 상자 | 68 |
| 상식 공간 | 비밀 본부로 가는 길 | 69 |
| 수리 기억 | 과일 품질 대회 | 70 |
| 상식 공간 | 땅다람쥐 미로 찾기 | 71 |
| 비교 변별 | 보물을 꺼내 보자! | 72 |
| 상식 공간 | 오로라가 펼쳐진 하늘 | 73 |
| 수리 변별 | 결승선 통과 | 74 |
| 수리 규칙 | 코끼리들의 체육관 | 75 |
| 상식 변별 | 카우보이가 남긴 흔적 | 76 |
| 수리 변별 | 송이송이 꽃송이 | 77 |
| 언어 기억 | 태양계 | 78 |
| 수리 기억 | 과일 교환 | 79 |
| 논리 도형 | 깊은 바닷속 그림 | 80 |
| 수리 공간 | 바쁜 웨이터 | 81 |
| 수리 규칙 | 피자 토핑 | 82 |
| 수리 규칙 | 재미있는 성곽 놀이 | 83 |
| 비교 변별 | 이상한 나라의 문어 | 84 |
| 비교 변별 | 호수에 비친 유니콘들 | 84 |
| 수리 규칙 | 애벌레의 점심시간 | 85 |
| 비교 규칙 | 시원한 음료수 | 85 |
| 수리 공간 | 벽돌 쌓기 | 86 |
| 수리 규칙 | 해적의 금고 | 87 |
| 언어 변별 | 행운의 호랑이 무늬 | 88 |
| 언어 기억 | 용이 나타났다! | 89 |
| 비교 기억 | 숨바꼭질 | 90 |
| **해답** | | **91** |

# 알파벳으로 나타낸 음식

알파벳은 메뉴판의 음식을 나타내요.
그림들을 서로 비교해서 알파벳이 나타내는 음식을 알아내 보세요.
웨이터가 주문을 받은 음식은 무엇인가요?

# 물고기들의 짝짓기

어항에 있는 물고기들 중에서 짝이 없는 물고기 한 마리를 찾아보세요.

# 가족들의 만찬

네 가족이 먹은 음식값은 아래와 같이 각 줄의 마지막에 나와 있어요.
네 번째 가족이 지불해야 할 음식값을 알아보세요.

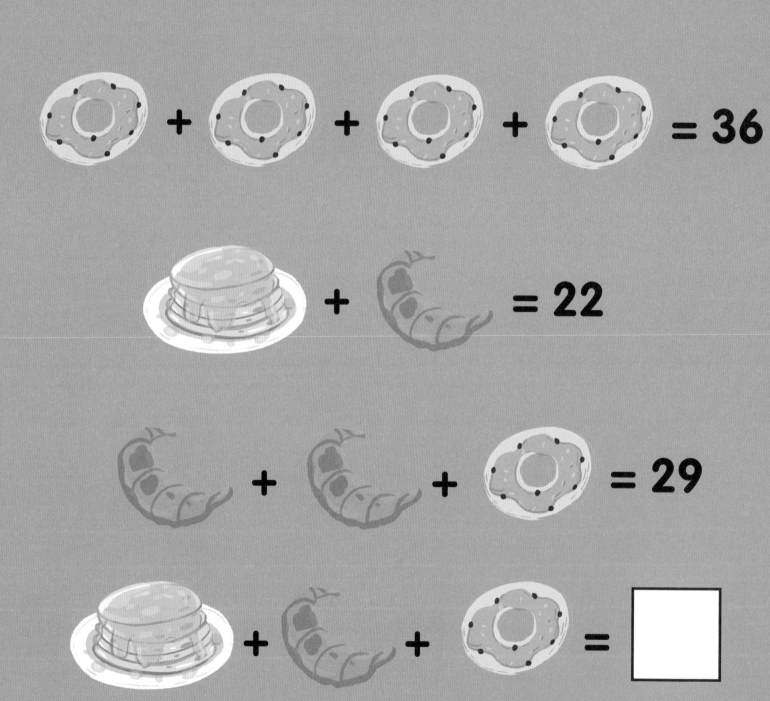

# 꼬불꼬불한 피라미드

피라미드 미로의 가운데에 있는 고양이에게 가는 길을 찾아보세요.

출발

# 창은 어디에?

기사 나이젤은 창으로 겨루는 대회에 참가할 예정이에요.
그런데 어느 성에 창을 놓고 왔는지 기억이 나지 않아요.
오른쪽의 힌트를 읽고 어느 성인지 찾아보세요.

- 성 주위를 둘러싸고 있는 연못 위에 들어 올리는 다리가 있어요.

- 성의 입구에는 쇠창살 문이 달려 있어요.

- 성의 오른쪽 탑이 왼쪽 탑보다 높아요.

- 성의 왼편에 있는 창문의 개수는 홀수예요.

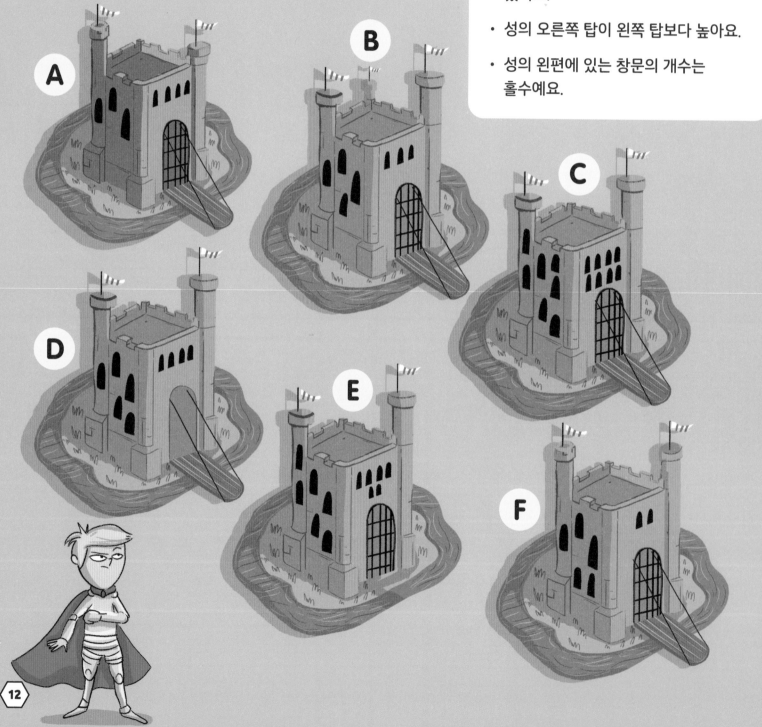

# 진짜 보물 지도

해적들이 들고 있는 지도 중에 어느 것이 보물이 있는 곳까지 안내할까요?
해적들은 각자 가장 가까운 모퉁이에서 출발할 거예요.
예를 들어 동4는 동쪽으로 네 칸, 서5는 서쪽으로 다섯 칸 이동하라는 의미예요.

A
동3, 남2,
서2, 남2, 동2

B
서4, 남3,
동2, 남2, 서2

C
동3, 북3,
동3, 북5, 서1

D
서5, 북3, 동3
북2, 서2

# 깨진 유리창

아래의 유리 조각들 중에서 깨진 유리창의 구멍에 꼭 맞는 것을 고르세요.

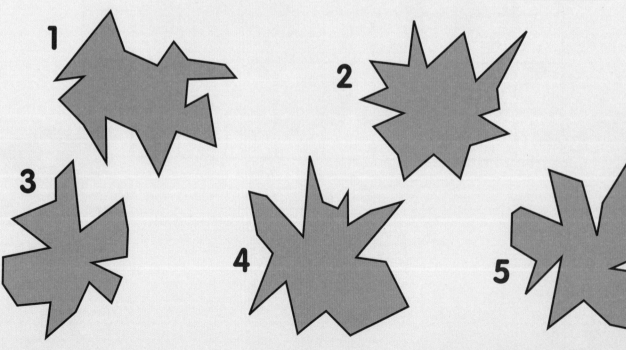

# 좌회전 금지

차가 출발점에서 시작하여 우회전만 가능하다면, 어떻게 도착점까지 갈 수 있을까요?

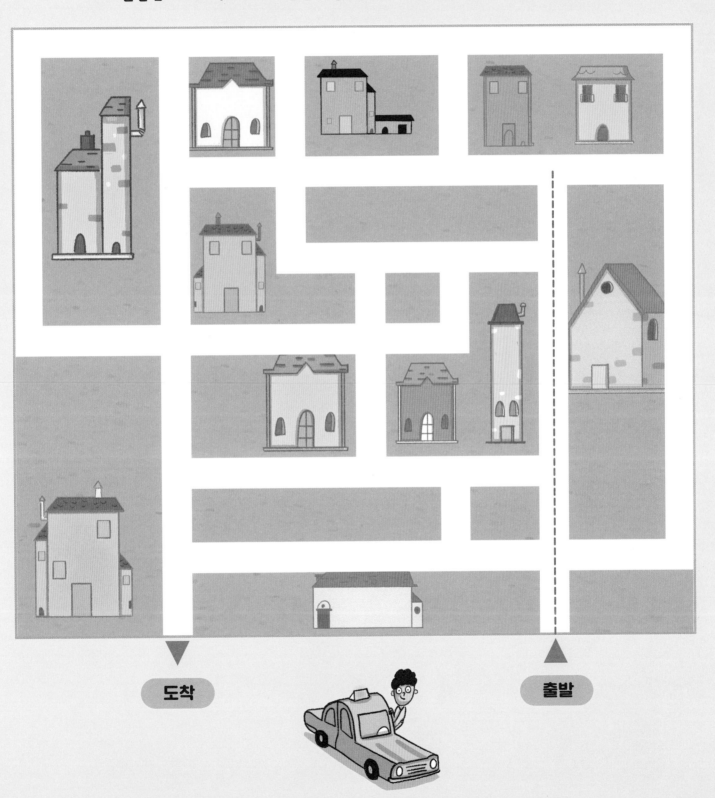

도착

출발

# 도넛 장식하기

다섯 개의 도넛은 일정한 규칙으로 무늬가 변하고 있어요.
마지막 도넛의 장식을 알맞게 색칠해 보세요.

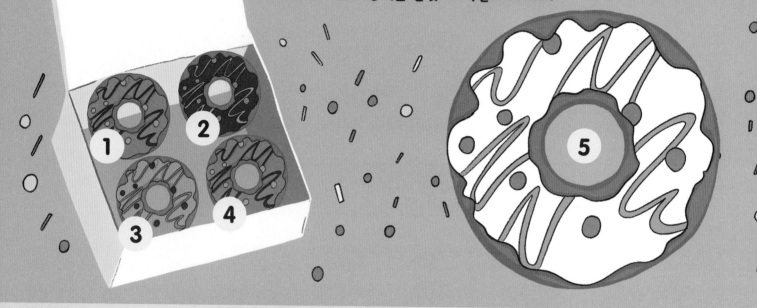

# 꼬꼬댁 가족의 하루

암탉들은 각자 병아리가 일곱 마리씩 있어요.
아래 그림에서 사라진 병아리는 모두 몇 마리인가요?

**수리 변별**

# 경비견들의 발자국

경비견들의 발자국이 서로 뒤섞여 있어요. 발자국이 모두 몇 개인지 색깔별로 알아보세요.

# 사파리 공원

```
F T C D C L H T U U W J
P H O T O G R A P H Y T T
D H N U X L A C T O U H
T B S R E F F A R I G W
N F E C H E E T A H X A
A Z R N P K G N O I L N
H H V O L A F F U B I T
P W A T E R B U C K D E
E A T L J O A Z H G Z L
L W I L D E B E E S T O
E G O O D Z E B R A R P
Q D N D K U D U Y P S E
```

영어 단어를 찾아보세요.

**CHEETAH**
치타

**GIRAFFE**
기린

**PHOTOGRAPHY**
사진

**ELEPHANT**
코끼리

**LION**
사자

**ZEBRA**
얼룩말

# 출발점은 어디?

각 출발점에서 화살표 방향을 따라 그 안에 표시된 숫자만큼 네모 칸을 이동해요.

어느 출발점에서 시작한 화살표들을 따라가면

밑에 있는 별 모양에 도착할 수 있을까요?

# 우주의 돌

아래 순서대로 돌을 밟으면서 우주인이 우주선까지
안전하게 돌아갈 수 있도록 길을 안내해 주세요.

(위아래나 왼쪽, 오른쪽으로는 이동할 수 있지만, 대각선으로는 움직일 수 없어요.)

출발

도착

# 우주 조사원

우주인이 행성과 별들을 아래의 표에 그려 넣는 것을 도와주세요.
각 가로줄과 세로줄에는 아래의 다섯 가지 천체들이 하나씩 모두 들어가야 해요.

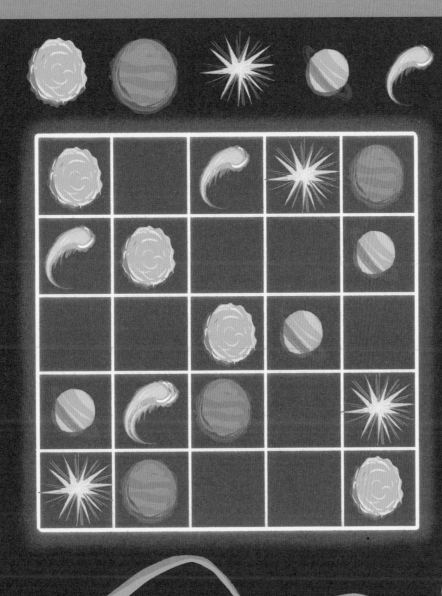

# 강아지 주인 찾기

아래의 단서들을 사용해서 각 강아지의 주인이 누구인지 알아보세요.

· 이름이 바운서, 보니, 백스터, 바론인 강아지 네 마리가 있어요.

· 두 마리는 몸집이 커요. 그 두 마리의 이름은 바운서와 백스터예요.

· 바론과 백스터는 귀가 길고 갈색이에요.

· 릴리는 몸집이 크고 귀가 뾰족한 강아지를 가지고 있어요.

· 조쉬의 강아지는 귀는 갈색이 아니에요.

|  | 강아지 이름 |
|---|---|
| 제이든 | 백스터 |
| 조쉬 |  |
| 엘라 |  |
| 릴리 |  |

# 벽 쌓기 스도쿠

빈칸에 숫자를 1부터 4까지 써넣으세요. 각각의 가로줄, 세로줄과 굵은 테두리 안의
작은 사각형 속에 1부터 4까지의 숫자가 모두 포함되어야 해요.

# 보물찾기 미션 완료

탐험가가 미로의 한가운데에 있는 수정을 찾아서 빠져나올 수 있도록 도와주세요.

(다리는 건너갈 수 있지만 뱀과 다른 장애물들은 피해야 해요.)

입구

출구

# 북채로 만든 도형

북채를 이용하여 여섯 개의 정사각형을 만들었어요.
세 개의 북채를 없애서 세 개의 정사각형만 남도록 만들어 보세요.

언어 변별 # 가장 좋아하는 동물은?

네 명의 어린이들은 각자 가장 좋아하는 동물이 있어요.
누가 어느 동물에 대해 이야기하고 있는지 알아보세요.

내 이름은 미아예요.
내가 가장 좋아하는
동물은 날카로운
발톱이 있어요.

내 이름은 에바예요.
내가 가장 좋아하는
동물은 북극에서
살아요.

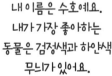

내 이름은 수호예요.
내가 가장 좋아하는
동물은 검정색과 하얀색
무늬가 있어요.

내 이름은 노아예요.
내가 가장 좋아하는
동물은 발굽이 있어요.

# 변하는 모양

일정한 규칙에 따라 모양이 변하는 도형을 보고 그 다음에 올 모양을 알아보세요.

# 고장 난 로봇

고장 난 로봇이 다시 움직일 수 있도록 비어 있는 칸에 알맞은 자연수를 써넣으세요.

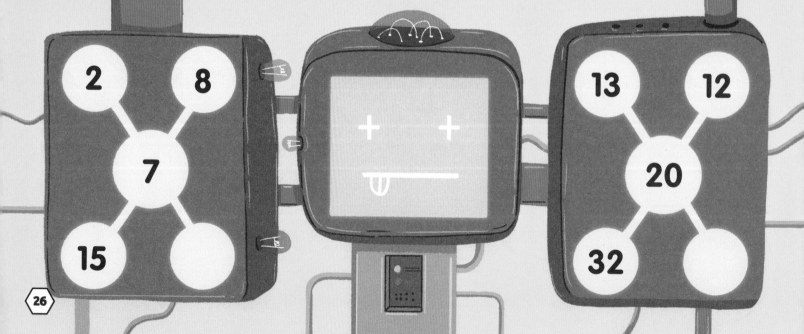

# 왕국을 지키는 갑옷

각 장비들은 서로 다른 수를 나타내요. 가로줄과 세로줄의 끝에는
그 줄의 장비들을 모두 더한 값이 나와 있어요. 각 장비들의 값을 구해 보세요.

| | | | |
|---|---|---|---|
| 🛡 | 🛡 | ⛑ | = 29 |
| 👢 | ⛑ | ⛑ | = 44 |
| 👢 | 👢 | 🛡 | = 44 |
| = 44 | = 39 | = 34 | |

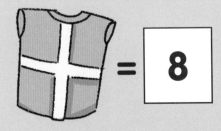 = 8

 =

 =

# 마술사의 카드

아래의 짝지은 카드 쌍들은 그 수를 더해서 만들어진 수들 사이에 일정한 규칙이 있어요.
그 규칙을 알아내서 빈 카드에 알맞은 두 수를 써 보세요.

(단, 1(A 카드) 부터 10 사이의 카드만 사용할 수 있고,
알맞은 수 쌍이 하나 이상 나올 수 있어요.)

 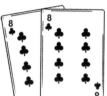   

우주선 모양

# 숨어 있는 우주선

숨어 있는 여섯 개의 우주선을 찾아보세요.
오른쪽의 우주선 모양처럼 하나는 우주선이
세 조각으로 되어 있고, 두 개는 두 조각으로,
세 개는 하나로 되어 있어요.
가로줄과 세로줄에 있는 숫자는 그 줄에 있는 우주선 조각의
개수예요. 각 우주선은 서로 붙어 있지 않아요.

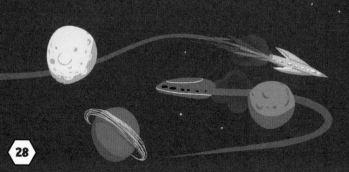

# 유니콘들의 경주

다섯 마리의 유니콘들이 달리기 경주를 하고 있어요.
아래의 단서들을 이용해서 결승선에 들어온 순서를 알아보세요.

- 오렌지색 유니콘은 빨간색 유니콘보다 등수가 4등 더 뒤쳐졌어요.

- 노란색 유니콘은 오렌지색 유니콘보다 등수가 2등 더 앞서서 들어왔어요.

- 연두색 유니콘은 파란색 유니콘보다 앞서서 들어왔어요.

# 밤하늘에 빛나는 별들

별들이 서로 겹쳐서 빛나고 있네요. 모두 몇 개인가요?

# 도형들의 색깔과 모양

서로 다른 색깔과 모양의 도형들이 각각 몇 개인지 세어보고 질문에 답하세요.

1. 도형들 중에서 빨간색은 몇 개인가요?

2. 도형들 중에서 별 모양은 몇 개인가요?

3. 도형들 중에서 동그라미 모양은 몇 개인가요?

4. 삼각형의 개수를 2배하면 모두 몇 개인가요?

# 무시무시한 보물 창고

용들이 황금과 보석 더미 위에 앉아 있어요.
각 더미에 있는 보석의 개수 사이에는 일정한 규칙이 있어요.
여섯 번째 더미에 앉아 있는 용은 몇 개의 보석을
가지고 있는지 알아보세요.

# 막상막하 테니스 경기

두 테니스 경기 그림에는 서로 다른 점이 10가지 있어요.
나머지 3가지를 찾아보세요.

수리 규칙

# 컵케이크의 무게

저울의 양쪽에 올려져 있는
컵케이크들의 무게는 서로 같아요.
파란색, 빨간색 컵에 담긴 케이크의 무게는
얼마인지 알아보세요.

 = **5**　 = **2**　 = ☐　 = ☐

34

# 꽃밭의 행복한 오후

각 곱셈의 정답을 아래의 빈칸에 채워 보세요. 빈칸 하나에 숫자를 하나씩 쓰세요.

## 가로

1. 11 × 11
3. 2 × 11
4. 8 × 8
6. 7 × 2
7. 3 × 7
9. 9 × 5
11. 8 × 9
12. 6 × 8
14. 9 × 3
15. 10 × 11

## 세로

1. 4 × 3
2. 2 × 8
3. 6 × 4
5. 7 × 6
6. 12 × 12
8. 11 × 12
10. 9 × 6
11. 7 × 11
13. 9 × 9
14. 5 × 4

퍼즐 격자:

| 1:1 | 2 | 2:1 | | |
| --- | --- | --- | --- | --- |
| 3: 2 | | | 4: | 5: |

# 동전 정리하기

계산대 서랍에는 금화와 은화가 두 칸에 섞여 있어요.
양쪽 칸에서 동전을 하나씩 서로 맞바꾸면
최소 몇 번 만에 동전을 금화와 은화로 나누어 넣을 수 있나요?

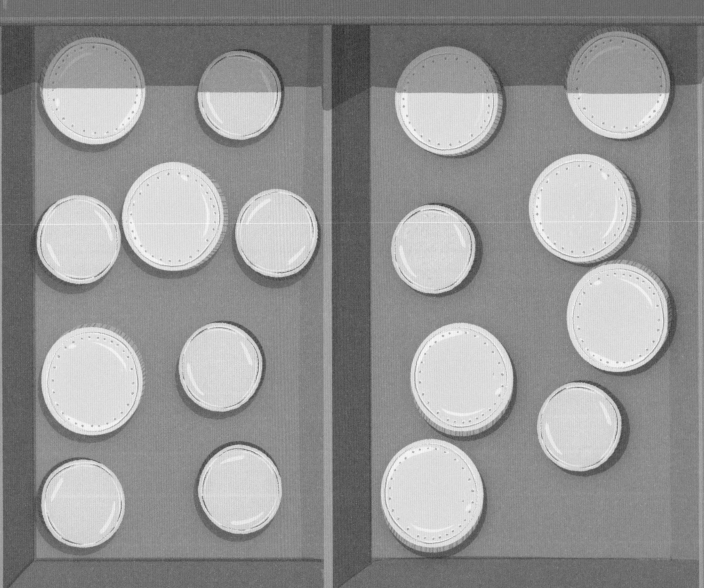

# 피라미드의 딱정벌레

고대 이집트 피라미드에 딱정벌레 16마리가 숨어 있어요.
나머지 3마리를 찾아 표시하세요.

# 숨은 단어 찾기

영어 단어를 찾아보세요.

**BASKET**
바구니

**CAMEL**
낙타

**BOX**
상자

**LOGS**
통나무들

**SOIL**
흙

**WALNUT**
호두

| | | | | | | | | | | | | |
|---|---|---|---|---|---|---|---|---|---|---|---|---|
| C | P | V | K | X | R | W | B | P | B | O | X |
| P | A | Q | B | Q | J | V | D | R | W | E | L |
| K | X | M | Y | U | U | Z | P | S | A | V | E |
| A | E | P | E | W | F | I | D | D | L | E | H |
| I | D | F | H | L | N | S | J | N | N | I | P |
| B | A | S | K | E | T | H | S | R | U | V | B |
| P | L | G | C | B | I | N | S | F | T | B | J |
| C | B | O | A | R | R | X | P | P | V | N | X |
| Z | N | L | C | E | U | A | M | D | G | N | P |
| E | Z | O | Z | A | K | U | E | O | B | U | O |
| A | R | B | T | T | T | J | P | B | M | M | U |
| K | A | W | W | S | Q | L | I | O | S | T | A |

# 선수가 받은 상

한 해 동안 네 명의 선수가 다른 종목의 대회에 참가해서 많은 상을 탔어요.
각 선수가 받은 상을 보고 합계 점수가 가장 높은 선수를 찾아보세요.

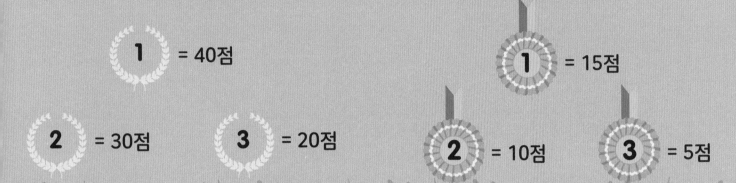

# 몬스터 댄스파티

맨 아래에 있는 그림 조각들 중에서 몬스터 댄스파티의 한 장면이 아닌 것을 찾아보세요.

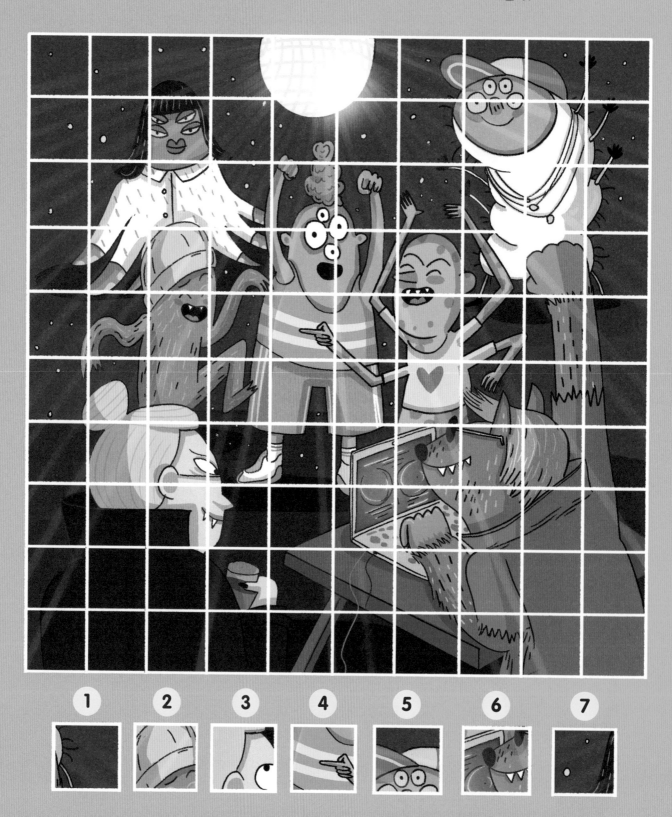

① ② ③ ④ ⑤ ⑥ ⑦

# 우주 탐사대

샘, 팸, 댄은 우주인이에요. 한 사람은 화성으로 가고,
다른 한 사람은 목성으로, 나머지 한 사람은 토성으로 갈 거예요.
도착하는 데 걸리는 시간은 2시간, 4시간, 8시간 중 하나예요.
주어진 단서들을 이용해서 우주인 세 사람의 목적지와 도착하는 데 걸리는 시간을 알아보세요.

- 목성으로 가는 우주인은 댄보다 목적지에
  빨리 도착할 거예요.
- 팸의 여행 시간은 샘보다 두 배 더 걸려요.
- 목성으로 가는 우주인은 화성으로 가는
  우주인보다 여행 시간이 더 길어요.
- 샘은 토성이나 목성으로 가지 않아요.

# 마녀의 열쇠

이 마녀는 마법의 물약들이 있는 캐비닛의 열쇠가 어느 것인지 기억이 안 나요.
아래의 열쇠 구멍에 맞는 열쇠를 찾아보세요.

# 장난꾸러기 판다들

장난꾸러기 판다들 중에서 똑같은 모습이 없는 판다 한 마리를 찾아보세요.

# 용 스도쿠

큰 사각형의 가로줄, 세로줄과 굵은 테두리의 작은 사각형 속에
1부터 4까지의 숫자가 모두 포함되도록 빈칸을 채워 보세요.

| 2 | 1 |   |   |
|---|---|---|---|
| 3 |   | 2 | 1 |
|   | 2 | 3 |   |
| 4 | 3 |   | 2 |

| 1 |   | 4 | 2 |
|---|---|---|---|
| 2 |   |   |   |
|   | 2 | 1 | 3 |
| 3 |   |   | 4 |

# 우주인을 구하자!

우주인이 배고픈 외계인들에게 쫓기고 있어서 로켓 안으로 서둘러 들어가려고 해요.
문을 열기 위해서는 우주복의 등에 있는 모양과 똑같은 모양을 찾아야 하는데 여러분이 도와주세요.

# 강아지 키 재기

강아지들을 키가 큰 순서대로 줄을 세워 보세요.

# 카드 패 나누기

아래에 있는 카드들을 사용해서 네 개의 카드 패를 만들어 보세요. 카드의 숫자를 모두 더해서 10이 되어야 하고,
각 카드 패에는 서로 다른 카드 세 장이 들어 있어야 해요. 에이스 카드는 1을 나타내요.

# 신들의 계산

각각의 기둥을 타고 내려가면서 차례대로 덧셈, 뺄셈, 곱셈을 하세요.

| 21 | 32 | 4 | 2 |
| --- | --- | --- | --- |
| × 4 | − 9 | × 5 | × 3 |
| + 6 | × 4 | × 2 | × 2 |
| − 10 | − 32 | × 3 | × 4 |
| × 4 | × 5 | × 4 | × 6 |
| 정답 | 정답 | 정답 | 정답 |
|  |  |  |  |

47

# 달팽이들의 식사

달팽이들의 길을 따라가서 어느 화분의 식물을 뜯어 먹고 있는지 알아보세요.

# 나비들의 날갯짓

나비들 중에서 나머지와 다른 한 마리를 찾아보세요.

# 거꾸로 뒤집힌 피라미드

세 개의 동그라미를 옮겨서 피라미드의 모양을 거꾸로 뒤집어 보세요.

# 과녁에 명중!

과녁의 동그라미들은 5부터 25까지 서로 다른 점수를 나타내요.
네 명의 기사들이 과녁에 활을 쏘서 표시된 자리들을 맞췄어요.
네 명 각자의 합계 점수를 알아보세요.

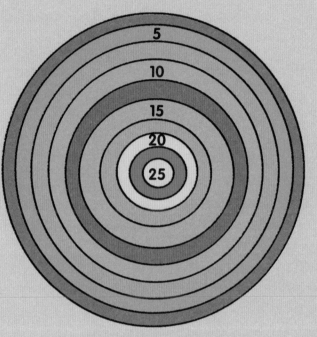

| | 점수 |
|---|---|
| ♠ | |
| ♥ | |
| ♦ | |
| ♣ | |

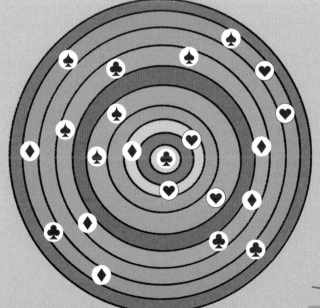

# 바닷속에 누가 살까?

퍼즐 조각들 중에서 아래의 바닷속 장면에 속하는 하나를 골라보세요.

**A**　　**B**　　**C**　　**D**　　**E**

# 원숭이 퍼즐

원숭이들 중에서 똑같은 모습의 짝이 없는 한 마리를 찾아보세요.

# 계산하는 로봇

올바른 계산이 되도록 빈칸에 알맞은 수를 쓰세요.

□ $- 13 = 169$ ✓

□ $\times 2 = 32$ ✓

□ $- 91 = 777$ ✓

□ $+ 139 = 753$ ✓

□ $\times 3 = 15$ ✓

□ $- 92 = 812$ ✓

□ $\times 4 = 60$ ✓

□ $+ 756 = 908$ ✓

# 암호가 뭐지?

네모 칸에 1부터 9까지의 숫자를 채워 보세요. 각 숫자는 한 번씩만 사용할 수 있고,
동그라미 안의 숫자는 둘러싸고 있는 네 개의 네모 칸에 들어가는 숫자들을 곱한 값이에요.

# 동물들에게 먹이 주기

동물원의 사육사가 모두 여섯 개의 사육장에 있는 동물들에게 먹이를 주려고 해요.

오전 7시 30분부터 첫 번째 사육장에 먹이를 주기 시작했어요. 한 사육장에 먹이를 주는 데

걸리는 시간은 25분이고, 다음 사육장까지 가는 시간은 5분이 걸려요.

마지막 사육장의 동물에게는 몇 시부터 먹이를 주기 시작할지 알아보세요.

먹이를 모두 주고 나서 사무실로 돌아오는 데 15분이 걸리면 사무실에는 몇 시 몇 분에 도착하나요?

# 변장한 비밀 요원들

비밀 요원들 중에서 나머지와 다른 한 명을 찾아보세요.

# 산산조각이 난 컵

이 컵의 깨진 조각 네 개를 찾아보세요.

# 핼러윈 단어 사냥

영어 단어를 찾아보세요.

**CANDLES**
양초들

**CANDY**
사탕

**PUMPKIN**
호박

**WITCHES**
마녀들

| | | | | | | | | | | | | | |
|---|---|---|---|---|---|---|---|---|---|---|---|---|---|
| O | S | U | S | R | E | B | O | T | C | O | A |
| V | T | H | J | E | T | X | C | G | C | P | N | F |
| T | A | N | E | H | E | G | L | I | A | Z | G |
| S | B | W | I | T | C | H | E | S | T | H | Z |
| M | V | G | K | K | A | P | X | C | R | P | S |
| P | P | Z | D | O | P | L | J | C | I | J | E |
| B | R | O | O | M | T | M | O | D | C | Q | L |
| X | Y | E | Y | I | B | S | U | C | K | Y | D |
| B | A | D | S | U | T | Y | M | P | O | G | N |
| N | T | I | N | U | X | K | D | G | S | H | A |
| X | V | Z | M | A | H | J | P | T | B | B | C |
| R | P | E | X | T | C | T | A | E | R | T | N |

# 65 만들기

가로와 세로, 대각선으로 다섯 개의 네모 칸의 수를 더하면
65가 되도록 빈칸에 알맞은 수를 쓰세요.

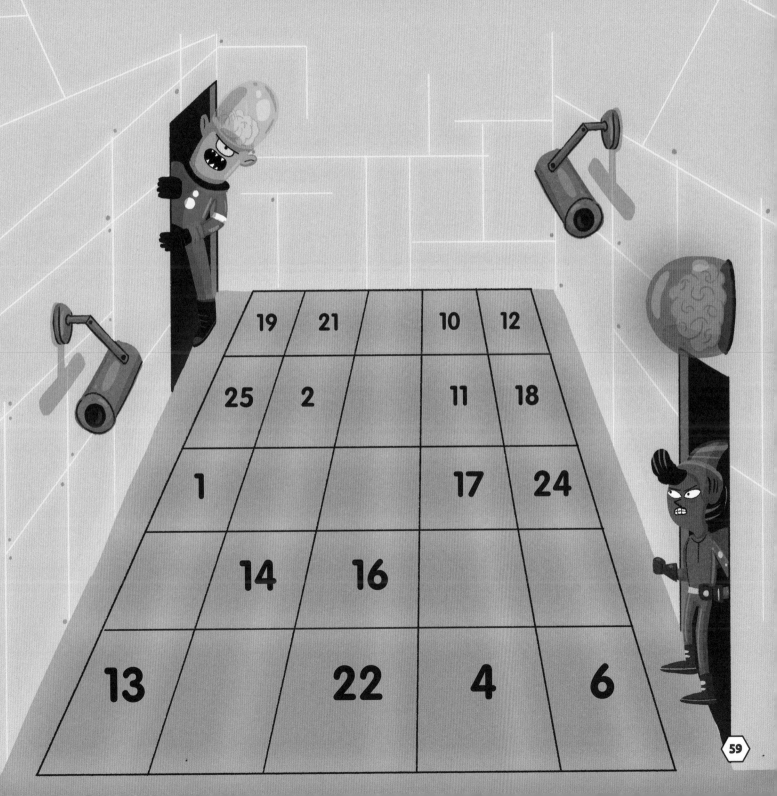

# 몬스터의 두뇌 게임

머리가 좋은 몬스터들이 퀴즈 대회에 참가하고 있어요.
오른쪽 단서들을 이용해서 이 퀴즈 대회의
1등부터 5등까지의 순서를 알아보세요.

- 몬스터 D는 몬스터 B보다 등수가 한 단계 높지만 우승을 차지하지는 못했어요.
- 몬스터 E는 몬스터 B보다는 퀴즈를 많이 못 풀었지만 몬스터 C보다는 더 많이 맞췄어요.
- 몬스터 A는 꼴찌를 하지는 않았어요.

몬스터 A     몬스터 B     몬스터 C     몬스터 D     몬스터 E

# 비버의 댐 짓기

비버가 나무 한 그루를 갉아서 쓰러뜨리는 데 10분이 걸려요.

댐을 짓기 위해 여기에 있는 나무들을 모두 쓰러뜨리려면 시간이 얼마나 걸릴까요?

# 짐 찾기

이 가족은 짐을 찾고 있는데,
어느 가방인지 기억이 안 나요. 여러분이 도와주세요.
수식을 계산하면 52가 되는 가방 세 개를 찾아야 해요.
정답에 동그라미를 해 보세요.

# 코끼리 코는 T 모양

아래의 네 개의 조각으로 알파벳 T 모양을 만들어 보세요.
조각을 돌리거나 뒤집을 필요는 없어요.

# 마법의 스도쿠

각 가로줄과 세로줄, 굵은 테두리의 작은 사각형 속에 1부터 4까지의 숫자가
모두 포함되도록 빈칸을 채워 보세요.

# 요정들이 사는 세상

요정들을 모두 찾아보세요. 가로줄과 세로줄에 있는 숫자는 그 줄에 있는 요정의 수예요.

요정은 버섯의 바로 옆이나 위아래에 살고 있어요.

그럴지만 요정끼리는 서로 붙어 있지 않아요. 일곱 요정은 여러분을 위해 이미 모습을 드러냈어요.

# 사라진 아기 공룡들

다섯 마리의 어미 공룡들한테는 각각 9마리의 아기 공룡들이 있어요.
아래 그림에서 사라져 보이지 않는 아기 공룡은 모두 몇 마리일까요?

# 두꺼비들의 합창

연못에 앉아 있는 두꺼비들 중에 똑같은 모습이 없는 두꺼비를 찾아보세요.

# 숲 속의 구구단

왼쪽 나무와 가운데 나무의 수를 곱해서 오른쪽 나무의 수와 같도록 만들어 보세요.

모든 곱셈에서 각 나무의 수는 한 번씩만 쓰여요.

세 개의 수를 선으로 연결해 보세요.

# 인어들의 보물 상자

인어와 조개껍데기 보물 상자를 연결해 보세요.
인어들은 각자 자신의 보물 상자에 있는 것과 똑같은 장신구를 하나씩 착용하고 있어요.

# 비밀 본부로 가는 길

요원이 일급비밀인 본부를 찾아갈 수 있도록 도와주세요.
나침판과 이정표가 되는 힌트를 이용해서 각 중간 지점에 도착한 다음, 어디로
가야 하는지를 알아보세요. 마지막 목적지가 바로 본부가 있는 곳이에요.

- 다리가 나오면 동쪽으로 가세요.
- 공원이 나오면 남쪽으로 가세요.
- 고층 건물이 나오면 북쪽으로 가세요.
- 동상이 나오면 서쪽으로 가세요.

**힌트**

고층 건물 　다리

공원 　동상

**시작**

본부는 어디일까요?

궁전?

박물관?

시계탑?

# 과일 품질 대회

네 개의 슈퍼마켓에서 '최고의 과일' 대회에 참가했어요.
각 슈퍼마켓의 과일들 옆에는 받은 상들이 표시되어 있어요.
가장 높은 점수를 받은 슈퍼마켓의 과일들을 찾아보세요.

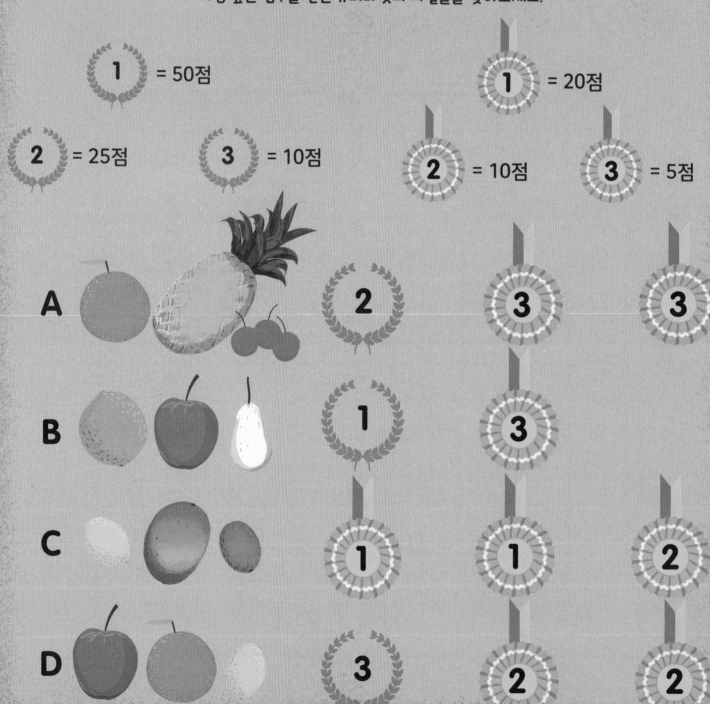

# 땅다람쥐 미로 찾기

장난꾸러기 아기 땅다람쥐는 게임을 하기 위해 나뭇가지들이 필요해요.

어느 길로 가야 아기 땅다람쥐가 나뭇가지를 구할 수 있을까요?

# 보물을 꺼내 보자!

해적의 보물 상자에 들어 있는 것들을 모두 꺼내서 펼쳐 놓은 것을 고르세요.

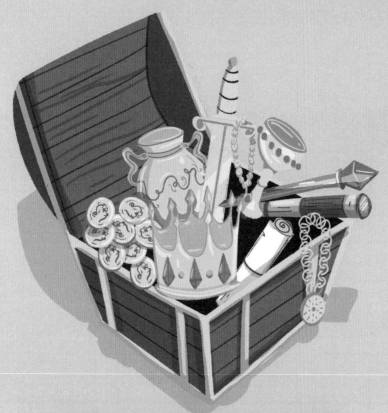

# 오로라가 펼쳐진 하늘

한겨울 오로라가 펼쳐진 장면의 그림 조각들을 올바른 순서대로 나열해서
전체 그림을 완성해 보세요. 왼쪽에서 오른쪽으로 순서에 맞게 그림 조각들의 번호를 쓰세요.

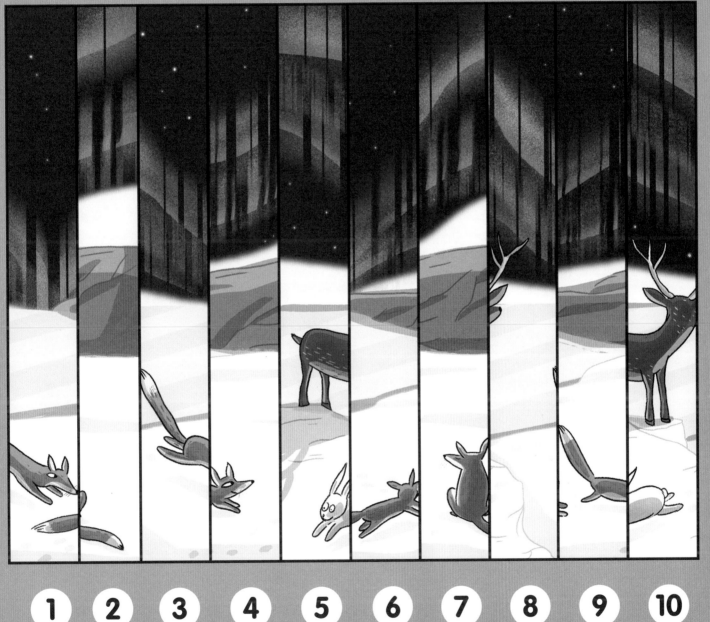

| 1 | 2 | 3 | 4 | 5 | 6 | 7 | 8 | 9 | 10 |
|---|---|---|---|---|---|---|---|---|----|
| 5 | | 8 | | 1 | | 9 | | 7 | |

# 결승선 통과

세 자동차가 경주를 하고 있어요. 먼저 각 자동차에 연료를 가득 채우고
얼마나 멀리 달릴 수 있는지 알아야 해요. 어느 자동차가 가장 멀리 갈 수 있을까요?

제니의 자동차는 20km를 달리는 데 연료가 2L가 쓰여요.
연료 탱크에는 60L가 들어가요. 제니의 자동차가 연료를 모두 사용할 때까지
달릴 수 있는 거리는 얼마인가요?

벤의 자동차는 30km를 달리는 데
연료가 3L가 쓰여요.
연료 탱크에는 30L가 들어가요.
벤의 자동차가 연료를
모두 사용할 때까지 달릴 수 있는
거리는 얼마인가요?

니코의 자동차는 50km를 달리는 데 연료가 5L가 쓰여요.
연료 탱크에는 40L가 들어가요. 니코의 자동차가 연료를 모두
사용할 때까지 달릴 수 있는 거리는 얼마인가요?

# 코끼리들의 체육관

각 네모판 옆에는 코끼리 두 마리가 역기로 운동을 하고 있어요.
두 역기에 있는 수 네 개를 빈칸에 넣어 왼쪽에서 오른쪽으로, 위에서 아래로
수식을 계산했을 때 올바른 답이 나오도록 완성해 보세요.

| 112 | + |     | = 130 |
|-----|---|-----|-------|
| −   |   | −   |       |
|     | × |     | = 98  |
| = 98 | | = 11 | |

| 156 | + |     | = 189 |
|-----|---|-----|-------|
| −   |   | −   |       |
|     | × |     | = 108 |
| = 150 | | = 15 | |

# 카우보이가 남긴 흔적

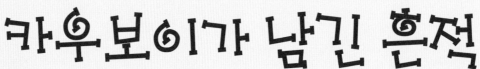

덜렁이 카우보이가 자기 물건들을 여기저기 흘리고 다녔어요.
위에 있는 카우보이가 잃어버린 물건들을 그림 속에서 모두 찾아보세요.

# 송이송이 꽃송이

아래의 뒤섞인 꽃송이 모양이 모두 몇 개인지 색깔별로 세어 보세요.

# 태양계

영어 단어를 찾아보세요.

```
E S L M B T M H U O G X
V A J G A E C A P S L T
V T T R N K R R K E Y K P
O U E T G P S Z N H R I
T R Z J H V E N U S E A
U N L Y J A H K T L T W
L U Q H M E H T P Q I I
P A K Y R U C R E M P D
M M K A S T R O N A U T
Q O Z X U R A N U S J P
X O C K P R A G U U G G
N N N U X Y A W K F S S
```

| EARTH | MERCURY | SATURN |
|-------|---------|--------|
| 지구 | 수성 | 토성 |
| MARS | PLUTO | VENUS |
| 화성 | 명왕성 | 금성 |

# 과일 교환

제임스는 사과 12개를 가지고 있고, 수아는 망고 24개, 래쉬드는 바나나 40개를 가지고 있어요.
제임스는 가지고 있는 사과의 반을 수아에게 주고, 나머지의 반을 래쉬드에게 줬어요.
수아는 망고의 반을 래쉬드에게 주고, 나머지의 반을 제임스에게 줬어요.
래쉬드는 바나나의 반을 제임스에게 주고, 나머지의 반을 수아에게 줬어요.
세 친구는 각자 무슨 과일을 몇 개씩 가지고 있을까요?

### 제임스

사과 : _____개

망고 : _____개

바나나 : _____개

### 수아

사과 : _____개

망고 : _____개

바나나 : _____개

### 래쉬드

사과 : _____개

망고 : _____개

바나나 : _____개

# 깊은 바닷속 그림

아래의 그림을 접어서 상자 모양을 만들면 다음 중 어느 것이 될까요?

# 바쁜 웨이터

웨이터를 따라가서 손님들에게 서비스하는 것을 도와주세요.
출발점에서부터 방향을 나타내는 말[위(Up), 아래(Down), 왼쪽(Left),
또는 오른쪽(Right)] 옆의 숫자만큼 네모 칸을 이동하세요.
U2는 위로 두 칸을 가라는 뜻이고, R4는 오른쪽으로 네 칸을 가라는 의미예요.
웨이터는 마지막에 어느 테이블에 도착할까요?

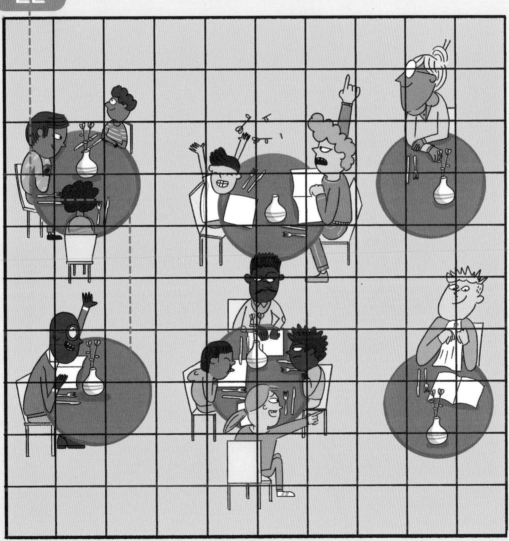

출발점에서부터 D4, R2, D3, R3, D1, R3, U4, L3, U2, L2, D4,
R5, D3, L3, U1, L4 순으로 이동하세요.

# 피자 토핑

각 피자 조각 위에 있는 수와 수식 기호들을 배열하여
맨 위의 토핑에 있는 수가 되도록 만들어 보세요.

A

13

6    +

7    ×    1

B

26

+    6

2    ×    4

44

4    12

×    8    +

C

수리 규칙

# 재미있는 성곽 놀이

빈칸에 숫자를 1부터 4까지 써넣으세요.
각 가로줄과 세로줄, 굵은 테두리의 작은 사각형 속에 1부터 4까지의 숫자가 모두 있어야 해요.

|  |  |  | 3 |
|---|---|---|---|
| 4 | 3 |  | 2 |
| 3 | 1 |  | 4 |
| 2 |  | 3 |  |

| 1 |  | 2 | 4 |
|---|---|---|---|
|  | 2 |  | 1 |
| 3 | 1 |  | 2 |
| 2 |  | 1 |  |

# 이상한 나라의 문어

아래의 나 홀로 문어 밴드와 똑같은 그림자를 고르세요.

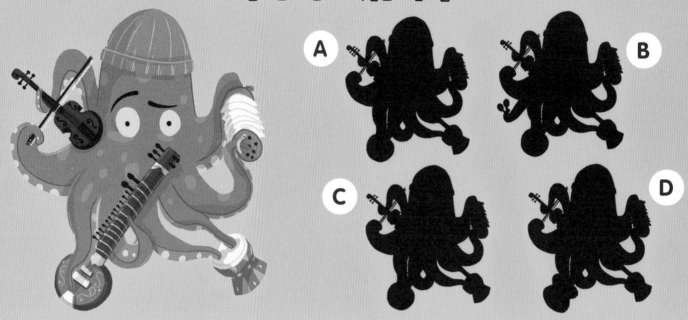

# 호수에 비친 유니콘들

마법의 호수에 비친 자신의 모습과 같지 않은 유니콘을 찾아보세요.

# 애벌레의 점심시간

이 애벌레는 10분마다 나뭇잎을 4개씩 먹어요.
나뭇가지에 있는 잎들을 모두 먹는 데 시간이 얼마나 걸리나요?

비교 규칙

# 시원한 음료수

시원한 음료수 네 잔의 순서에는 일정한 규칙이 있어요.
마지막 잔을 알맞게 색칠해 보세요.

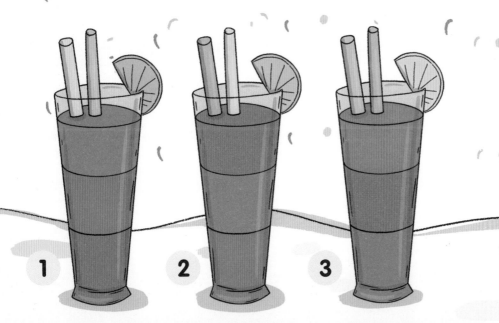
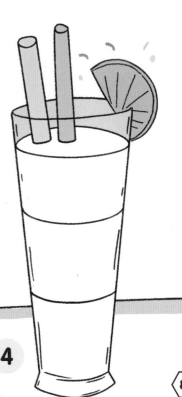

**1**　**2**　**3**　**4**

# 벽돌 쌓기

1부터 4까지의 숫자를 빈칸에 넣어서 굵은 테두리 안의 숫자들을 곱한 값이
왼쪽 위에 있는 작은 수와 같도록 만들어 보세요.
단, 가로줄과 세로줄에는 같은 숫자가 두 번 들어갈 수 없어요.

# 해적의 금고

이 해적이 갖고 있는 각 동전은 얼마짜리인지 알아보세요.

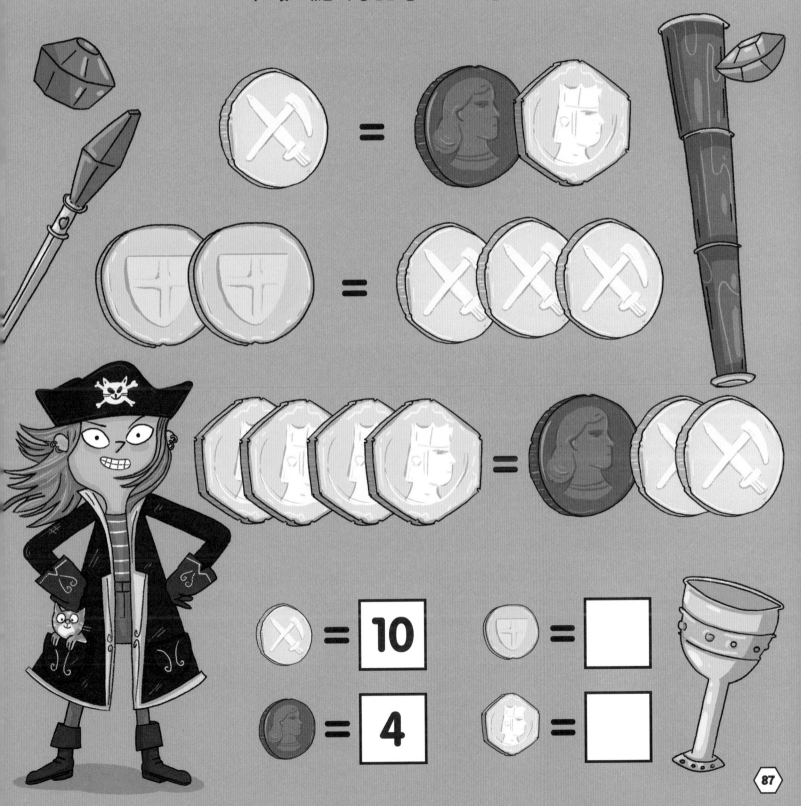

# 행운의 호랑이 무늬

이 슈퍼우먼은 타이거 걸로도 불려요.
왜냐하면 호랑이로 변신하기 때문이죠.
아래의 단서들을 이용해서
슈퍼우먼이 호랑이로 변신한 모습을 찾아보세요.

- 눈동자가 갈색이에요.
- 꼬리 끝은 검정색이 아니에요.
- 등에 있는 줄무늬는 8개보다 적어요.

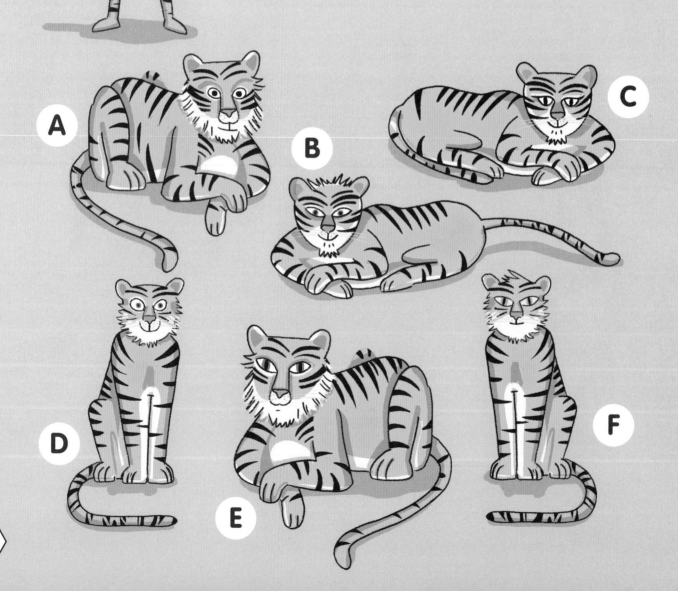

88

# 용이 나타났다!

영어 단어를 찾아보세요.

**CAVE**
동굴

**FIRE**
불

**TREASURE**
보물

**WING**
날개

**LEGEND**
전설

**MYTH**
신화

| W | N | L | O | H | K | Z | E | Z | S | G | S |
|---|---|---|---|---|---|---|---|---|---|---|---|
| I | U | Q | S | I | J | F | E | E | C | H | M |
| N | E | R | I | F | C | K | E | V | A | D | E |
| G | H | D | M | X | O | R | K | A | L | H | O |
| Y | R | C | I | M | U | X | G | C | E | X | H |
| U | Q | E | S | S | P | A | R | K | S | O | E |
| Z | O | V | A | L | N | M | N | N | E | R | R |
| X | L | E | G | E | N | D | C | I | L | R | K |
| H | R | M | Z | C | T | H | N | G | U | D | O |
| T | X | T | A | P | J | O | H | H | P | R | |
| N | V | Y | I | U | S | L | Y | T | X | I | Y |
| G | P | L | M | K | U | Y | C | L | A | W | M |

# 숨바꼭질

이 책에서 아래의 캐릭터들이 어디에 나오는지 찾아 그 쪽수의 번호를 써 보세요.

A
쪽수

B
쪽수

C
쪽수

D
쪽수

E
쪽수

## 8쪽　알파벳으로 나타낸 음식

A = 감자튀김
B = 밀크셰이크
C = 커피
D = 국수
E = 오렌지 주스
F = 피자 한 조각
G = 차
H = 햄버거

웨이터는 손님에게 국수(D)와 밀크셰이크(B)를 주문 받았어요.

## 9쪽　물고기들의 짝짓기

## 10쪽　가족들의 만찬

 = 12　 = 10　⬤ = 9

네 번째 가족이 지불해야 할 음식값은 31이에요.

## 11쪽　꼬불꼬불한 피라미드

## 12쪽　창은 어디에?

나이젤은 C번 성에 창을 두고 왔어요.

## 13쪽　진짜 보물 지도

B번 해적이 들고 있는 지도를 따라가면 보물이 나와요.

## 14쪽  깨진 유리창

깨진 유리창의 구멍에 꼭 맞는 것은 5번 조각이에요.

## 15쪽  좌회전 금지

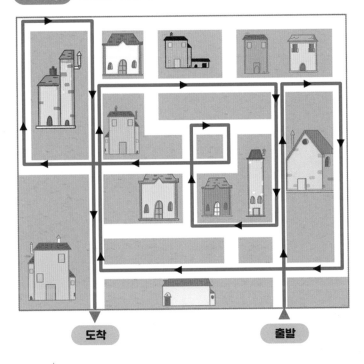

## 16-1쪽  도넛 장식하기

도넛에 바른 설탕 장식은 파란색, 갈색, 분홍색 순으로 변해요.
따라서 다섯 번째 도넛은 두 번째 도넛과 똑같아져요.

## 16-2쪽  꼬꼬댁 가족의 하루

그림에는 병아리가 14마리 있어요. 암탉 네 마리에게 각각 병아리가 7마리씩 있다면, 그림에는 병아리가 28마리가 나와야 해요.
따라서 그림에 보이지 않는 병아리는 14마리예요.

## 17쪽  경비견들의 발자국

발자국은 모두 18개예요.
파란색이 5개, 빨간색이 6개, 노란색이 7개예요.

## 18쪽  사파리 공원

## 19쪽  출발점은 어디?

D번 경로

## 20쪽  우주의 돌

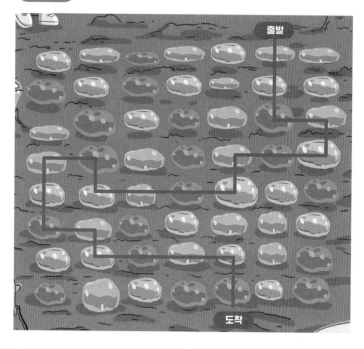

## 21쪽  우주 조사원

## 22쪽  강아지 주인 찾기

|  | 강아지 이름 |
|---|---|
| 제이든 | 백스터 |
| 조쉬 | 보니 |
| 엘라 | 바론 |
| 릴리 | 바운서 |

## 23쪽  벽 쌓기 스도쿠

위

| 1 | 2 | 3 | 4 |
|---|---|---|---|
| 3 | 4 | 1 | 2 |
| 2 | 1 | 4 | 3 |
| 4 | 3 | 2 | 1 |

아래

| 4 | 3 | 2 | 1 |
|---|---|---|---|
| 2 | 1 | 4 | 3 |
| 1 | 4 | 3 | 2 |
| 3 | 2 | 1 | 4 |

## 24쪽 보물찾기 미션 완료

입구 출구

## 25-1쪽 북채로 만든 도형

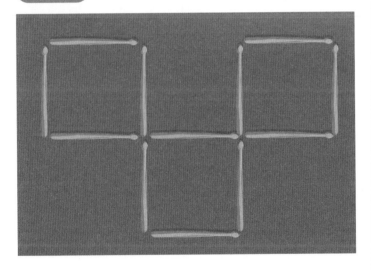

## 25-2쪽 가장 좋아하는 동물은?

미아는 타조를, 수호는 펭귄을, 에바는 북극곰을,
노아는 얼룩말을 가장 좋아해요.

## 26-1쪽 변하는 모양

시계 방향으로 90°씩(반의 반 바퀴씩) 돌
아가는 모양이에요.

## 26-2쪽 고장 난 로봇

한가운데에 있는 수는 마주보는 두 수의 차를 계산한 값이
에요.

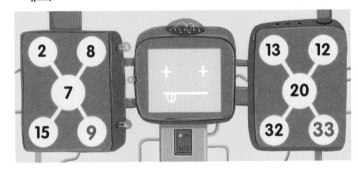

## 27쪽 왕국을 지키는 갑옷

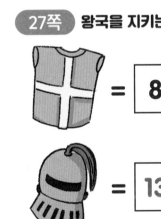 = 8

 = 13

 = 18

**마술사의 카드**

두 카드의 합이 3만큼 계속 줄어들고 있으므로 (19, 16, 13, 10), 마지막 한 쌍의 카드는 더하면 7이 되어야 해요. 따라서 마지막 한 쌍은 A와 6, 2와 5, 3과 4의 조합이 될 수 있어요.

**숨어 있는 우주선**

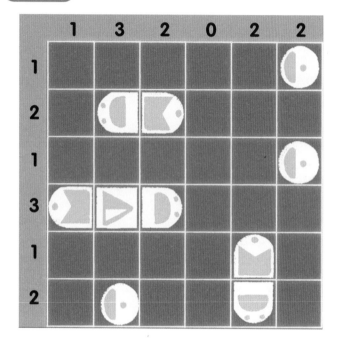

**유니콘들의 경주**

유니콘들은 다음 순서로 결승선에 들어왔어요.
1등: 빨간색
2등: 연두색
3등: 노란색
4등: 파란색
5등: 오렌지색

**밤하늘에 빛나는 별들**

17개의 별들이 있어요.

**도형들의 색깔과 모양**

1. 빨간색 도형은 15개예요.
2. 별 모양 도형은 9개예요.
3. 동그라미 모양은 27개예요.
4. 삼각형의 개수의 2배는 16개예요.

**무시무시한 보물 창고**

용들이 가지고 있는 보석의 개수 사이에는 다음과 같은 규칙이 있어요.
첫 번째 용은 보석이 2개 있어요.
두 번째 용은 보석이 5개 있어요. (+3)
세 번째 용은 보석이 9개 있어요. (+4)
네 번째 용은 보석이 14개 있어요. (+5)
다섯 번째 용은 보석이 20개 있어요. (+6)
따라서 여섯 번째 용은 7개가 더 많은 27개의 보석을 가지고 있어요.

**막상막하 테니스 경기**

## 34쪽 컵케이크의 무게

## 35쪽 꽃밭의 행복한 오후

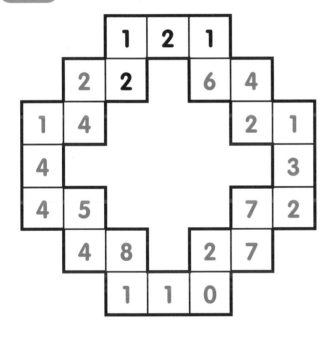

## 36쪽 동전 정리하기

6번 교환하면 돼요. 매회 교환할 때마다 오른쪽에서 금화
1개와 왼쪽에서 은화 1개를 꺼내서 맞바꾸세요.

## 37쪽 피라미드의 딱정벌레

## 38쪽 숨은 단어 찾기

### 39쪽   선수가 받은 상

학생 A는 40점, 학생 B는 45점, 학생 C는 50점이고,
학생 D는 40점이에요.
따라서 학생 C의 합계 점수가 가장 높아요.

### 40쪽   몬스터 댄스파티

3번 그림 조각은 몬스터 댄스파티의 한 장면이 아니에요.

### 41-1쪽   우주 탐사대

샘               팸               댄

샘은 화성으로 여행할 예정이고 2시간이 걸려요.
팸은 목성으로 여행할 예정이고 4시간이 걸려요.
댄은 토성으로 여행할 예정이고 8시간이 걸려요.

### 41-2쪽   마녀의 열쇠

### 42쪽   장난꾸러기 판다들

### 43쪽   용 스도쿠

| 2 | 1 | 4 | 3 |
|---|---|---|---|
| 3 | 4 | 2 | 1 |
| 1 | 2 | 3 | 4 |
| 4 | 3 | 1 | 2 |

| 1 | 3 | 4 | 2 |
|---|---|---|---|
| 2 | 4 | 3 | 1 |
| 4 | 2 | 1 | 3 |
| 3 | 1 | 2 | 4 |

44쪽 **우주인을 구하자!**

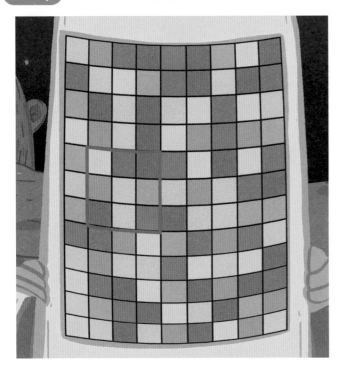

45쪽 **강아지 키 재기**

키가 큰 강아지부터 작은 강아지 순서대로 번호를 나열하면
4, 12, 2, 10, 1, 3, 5, 11, 6, 8, 7, 9예요.

46쪽 **카드 패 나누기**

47쪽 **신들의 계산**

왼쪽에서 오른쪽 기둥 순서예요.
첫 번째 기둥
21 × 4 = 84, 84 + 6 = 90,
90 - 10 = 80, 80 × 4 = 320
두 번째 기둥
32 - 9 = 23, 23 × 4 = 92,
92 - 32 = 60, 60 × 5 = 300
세 번째 기둥
4 × 5 = 20, 20 × 2 = 40,
40 × 3 = 120, 120 × 4 = 480
네 번째 기둥
2 × 3 = 6, 6 × 2 = 12,
12 × 4 = 48, 48 × 6 = 288

48쪽 **달팽이들의 식사**

1번 달팽이 = D번 화분의 식물
2번 달팽이 = C번 화분의 식물
3번 달팽이 = B번 화분의 식물
4번 달팽이 = A번 화분의 식물

**49쪽** 나비들의 날갯짓

**50쪽** 거꾸로 뒤집힌 피라미드

왼쪽 그림에 표시된 검은 동그라미를 오른쪽의 그림과 같이 이동시키면 피라미드의 모양을 거꾸로 뒤집을 수 있어요.

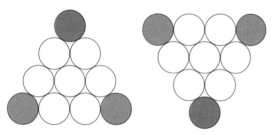

**51쪽** 과녁에 명중!

|  | 점수 |
|---|---|
| ♠ | 60 |
| ♥ | 65 |
| ♦ | 60 |
| ♣ | 55 |

**52쪽** 바닷속에 누가 살까?

바닷속 장면에 속하는 퍼즐 조각은 D번이에요.

**53쪽** 원숭이 퍼즐

**54쪽** 계산하는 로봇

182 − 13 = 169

16 × 2 = 32

868 − 91 = 777

614 + 139 = 753

5 × 3 = 15

904 − 92 = 812

15 × 4 = 60

152 + 756 = 908

**암호가 뭐지?**

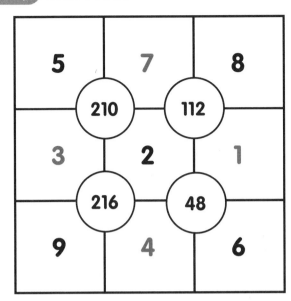

**동물들에게 먹이 주기**

동물원의 사육사는 오전 10시에 마지막 사육장의 동물에게 먹이를 주기 시작하고, 25분이 걸려요. 사무실까지 돌아오는 데는 15분이 걸리므로 사무실에 도착하는 시각은 오전 10시 40분이에요.

**변장한 비밀 요원들**

**산산조각이 난 컵**

**핼러윈 단어 사냥**

```
O S U S R E B O T C O A
V T H J E T X C C P N F
T A N E H E G L I A Z G
S B W I T C H E S T H Z
M V G K K A P X C R P S
P P Z D O P L J C I J E
B R O O M T M O D C Q L
X Y E Y I B S U C K Y D
B A D S U T Y M P O G N
N T I N U X K D G S H A
X V Z M A H J P T B B C
R P E X T G T A E R T N
```

**65 만들기**

| 19 | 21 | 3 | 10 | 12 |
|----|----|----|----|----|
| 25 | 2 | 9 | 11 | 18 |
| 1 | 8 | 15 | 17 | 24 |
| 7 | 14 | 16 | 23 | 5 |
| 13 | 20 | 22 | 4 | 6 |

**60-1쪽** **몬스터의 두뇌 게임**

몬스터 A가 1등, 몬스터 D가 2등, 몬스터 B가 3등,
몬스터 E가 4등, 몬스터 C가 5등이에요.

**60-2쪽** **비버의 댐 짓기**

나무가 15그루이므로 비버가 나무들을 모두 갉아서
쓰러뜨리기까지 10분 × 15 = 150분이므로 2시간 30분이
걸려요.

**61쪽** **짐 찾기**

**62쪽** **코끼리 코는 T 모양**

**63쪽** **마법의 스도쿠**

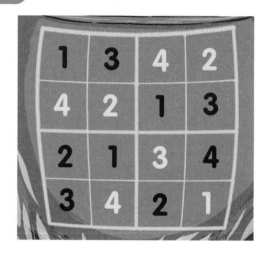

**64쪽** **요정들이 사는 세상**

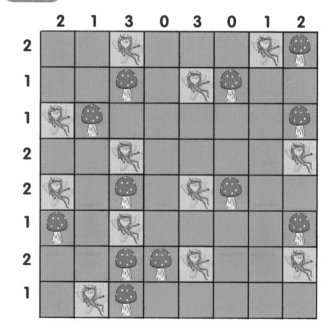

## 65쪽    사라진 아기 공룡들

그림에는 아기 공룡이 29마리 있어요.
어미 공룡 다섯 마리가 각각 아기 공룡을 9마리씩 키우고
있으므로 그림 속에는 아기 공룡이 45마리가 있어야 해요.
따라서 그림에 없는 아기 공룡은 모두 16마리예요.

## 66쪽    두꺼비들의 합창

## 67쪽    숲속의 구구단

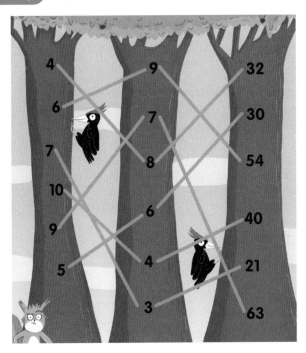

## 68쪽    인어들의 보물 상자

1번 인어는 보물 상자 C에 있는 머리띠를 착용하고 있어요.
2번 인어는 보물 상자 A에 있는 머리핀을 착용하고 있어요.
3번 인어는 보물 상자 D에 있는 팔찌를 착용하고 있어요.
4번 인어는 보물 상자 B에 있는 목걸이를 착용하고 있어요.

## 69쪽 비밀 본부로 가는 길

본부는 박물관이에요.

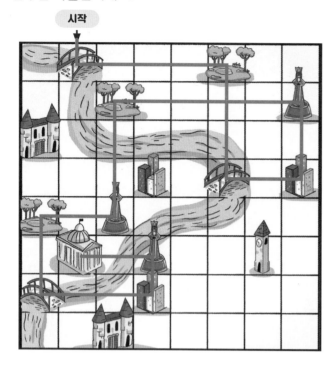

## 70쪽 과일 품질 대회

A가 35점, B가 55점, C가 50점, D가 30점을 받았으므로 B 슈퍼마켓의 과일들이 가장 높은 점수를 받았어요.

## 71쪽 땅다람쥐 미로 찾기

## 72쪽 보물을 꺼내 보자!

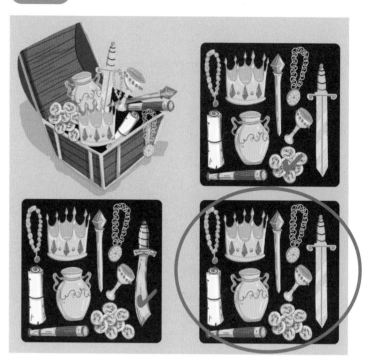

## 73쪽 오로라가 펼쳐진 하늘

5   10   8   3   1   6   9   4   7   2

**74쪽** **결승선 통과**

제니의 자동차는 연료가 떨어지기 전에 600km까지 달릴 수 있어요.

벤의 자동차는 연료가 떨어지기 전에 300km까지 달릴 수 있어요.

니코의 자동차는 연료가 떨어지기 전에 400km까지 달릴 수 있어요.

따라서 제니의 자동차가 연료 탱크를 한 번 가득 채운 후 가장 멀리 달릴 수 있어요.

**75쪽** **코끼리들의 체육관**

| 112 | + | 18 | = 130 |
| --- | --- | --- | --- |
| − | | − | |
| 14 | × | 7 | = 98 |

= 98 = 11

| 156 | + | 33 | = 189 |
| --- | --- | --- | --- |
| − | | − | |
| 6 | × | 18 | = 108 |

= 150 = 15

**76쪽** **카우보이가 남긴 흔적**

**77쪽** **송이송이 꽃송이**

꽃송이 모양은 모두 20개예요.
오렌지색이 2개, 보라색이 5개, 노란색이 6개, 빨간색이 7개예요.

**78쪽** **태양계**

**79쪽** 과일 교환

제임스: 사과 3개, 망고 6개, 바나나 20개
수아: 사과 6개, 망고 6개, 바나나 10개
래쉬드: 사과 3개, 망고 12개, 바나나 10개

**80쪽** 깊은 바닷속 그림

그림을 접으면 A번의 상자 모양이 돼요.

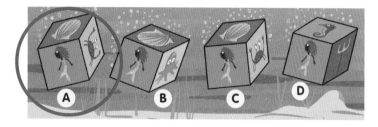

**81쪽** 바쁜 웨이터

웨이터는 맨 아래의 왼쪽 테이블에 도착해요.

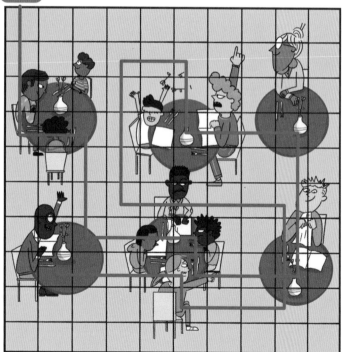

**82쪽** 피자 토핑

A: $13 = 1 \times 6 + 7 = 1 \times 7 + 6$
B: $26 = 4 \times 6 + 2$
C: $44 = 8 \times 4 + 12$
곱하는 수와 곱해지는 수는 바꿀 수 있어요.

**83쪽** 재미있는 성곽 놀이

| 1 | 2 | 4 | 3 |
|---|---|---|---|
| 4 | 3 | 1 | 2 |
| 3 | 1 | 2 | 4 |
| 2 | 4 | 3 | 1 |

| 1 | 3 | 2 | 4 |
|---|---|---|---|
| 4 | 2 | 3 | 1 |
| 3 | 1 | 4 | 2 |
| 2 | 4 | 1 | 3 |

**84-1쪽** 이상한 나라의 문어

C번 그림자가 문어와 일치해요.

**호수에 비친 유니콘들**

B번 유니콘은 물에 비친 모습과 다른 점이 있어요.

**애벌레의 점심시간**

나뭇잎이 32개가 있으므로 애벌레가 다 먹는 데에는 1시간
20분(=80분)이 걸려요. (나뭇잎 4개를 10분에 먹으면,
한 시간에는 나뭇잎 24개를 먹을 수 있어요. 따라서 1시간
20분(=80분) 동안에는 나뭇잎 32개를 먹을 수 있어요.)

**시원한 음료수**

음료수의 층이 위에서 아래로
한 칸씩 움직여요.
따라서 네 번째 잔은 첫 번째
잔과 똑같아져요.

**벽돌 쌓기**

**해적의 금고**

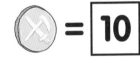

**행운의 호랑이 무늬**

B번이 호랑이로 변신한 타이거 걸이에요.

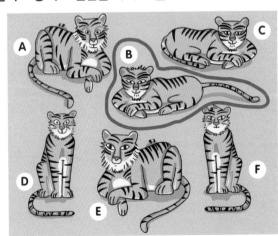

**89쪽** 용이 나타났다!

```
W N L O H K Z E Z S C S
I U Q S I J F E E C H M
N E R I F C K E V A D E
G H D M X O R K A L H O
Y R C I M U X G C E X H
U Q E S S P A R K S O E
Z O V A L N M N E R R
X L E G E N D C I L R K
H R M Z C T H N G U D O
T T X T A P J O H H P R
N V Y I U S L Y T X I Y
G P L M K U Y C L A W M
```

**90쪽** 숨바꼭질

A = 50쪽

B = 25쪽

C = 69쪽

D = 48쪽

E = 81쪽

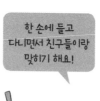